BEI GRIN MACHT SICH IHR WISSEN BEZAHLT

- Wir veröffentlichen Ihre Hausarbeit, Bachelor- und Masterarbeit

- Ihr eigenes eBook und Buch - weltweit in allen wichtigen Shops

- Verdienen Sie an jedem Verkauf

Jetzt bei www.GRIN.com hochladen und kostenlos publizieren

Bibliografische Information der Deutschen Nationalbibliothek:

Die Deutsche Bibliothek verzeichnet diese Publikation in der Deutschen National-
bibliografie; detaillierte bibliografische Daten sind im Internet über http://dnb.d-
nb.de/ abrufbar.

Impressum:

Copyright © 2012 GRIN Verlag, Open Publishing GmbH
Druck und Bindung: Books on Demand GmbH, Norderstedt Germany
ISBN: 9783656650713

Dieses Buch bei GRIN:

http://www.grin.com/de/e-book/272762/wettbewerbsfaehigkeit-von-logistikdienst-
leistern

Roman Gießwein

Wettbewerbsfähigkeit von Logistikdienstleistern

GRIN Verlag

GRIN - Your knowledge has value

Der GRIN Verlag publiziert seit 1998 wissenschaftliche Arbeiten von Studenten, Hochschullehrern und anderen Akademikern als eBook und gedrucktes Buch. Die Verlagswebsite www.grin.com ist die ideale Plattform zur Veröffentlichung von Hausarbeiten, Abschlussarbeiten, wissenschaftlichen Aufsätzen, Dissertationen und Fachbüchern.

WETTBEWERBSFÄHIGKEIT VON LOGISTIKDIENSTLEISTERN

Seminararbeit im Rahmen des Seminars Logistik

Erfolgsfaktoren und Management der Logistik im Wandel externer Rahmenbedingungen

Thema Nr. 5

vorgelegt am Betriebswirtschaftlichen Institut der Universität Stuttgart,

Abteilung IV- Lehrstuhl für allgemeine Betriebswirtschaftslehre und Dienstleistungsmanagement, insbesondere Unternehmenslogistik

von Roman Gießwein

Inhaltsverzeichnis

Abkürzungsverzeichnis II

Abbildungsverzeichnis III

1. Problemstellung und Zielsetzung 1

2. Definition und Bedeutung des Begriffs „Wettbewerbsfähigkeit" 2

3. Einblick in das Logistikdienstleisterkonzept 3

4. Wettbewerbsrelevante   Schlüsselfaktoren   und   Handlungen   von
Logistikdienstleistern 4

    4.1 Standortwahl 4

    4.2 Informations- und Kommunikationstechnologien 5

        4.2.1. EDI 6

        4.2.2. ERP 6

        4.2.3. RFID 9

5. Fazit und Ausblick 10

Literaturverzeichnis IV

Abkürzungsverzeichnis

EDI   Electronic Data Interchange

EDIFAC   Electronic Data Interchange For Administration Commerce and

            Transport

ERP   Enterprise Resource Planning

IuK   Informations- und Kommunikationstechnologie

KEP   Unternehmen - Kurier-Express-Paket-Dienstleister

RFID   Radio-Frequency Identification

WMS   Warehouse Management System

Abbildungsverzeichnis

Abbildung 1:Verschiedene Logistikdienstleisterkonzepte 3

1. Problemstellung und Zielsetzung

Durch den steigenden Bedeutungszuwachs der Logistik in den letzten Jahren ist auch der Stellenwert von Logistikdienstleistern kontinuierlich gestiegen. Die derzeitige Wettbewerbssituation für Unternehmen führt durch die voranschreitende Globalisierung, verkürzte Produktlebenszyklen, sowie zunehmende Qualitäts- und Serviceansprüche bei gestiegener Umweltsensibilität zu einem steigenden Koordinationsbedarf, welchem Logistikdienstleister gerecht werden müssen.[1]

Ziel dieser Arbeit ist es, die Schlüsselfaktoren der Wettbewerbsstrategien zu erfassen, welche Logistikdienstleister nutzen, um ihre Wettbewerbsfähigkeit zu sichern. In diesem Zusammenhang soll das Augenmerk hauptsächlich auf den eingesetzten Informations- und Kommunikationstechniken, die wichtigster Aspekt im Rahmen des Outsourcings von Logistikleistungen sind, liegen. Hierbei wird explizit folgender Frage nachgegangen:

Durch welche Informations- und Kommunikationstechnologien verschaffen sich Logistikdienstleister Wettbewerbsvorteile, um damit ihre Wettbewerbsfähigkeit zu sichern?

Zu Beginn dieser Arbeit wird der Begriff der Wettbewerbsfähigkeit erklärt und deren Bedeutung für den unternehmerischen Erfolg in der Logistikbranche aufgezeigt. Als nächstes wird das Konzept von Logistikdienstleistern näher beleuchtet. Im Hauptteil werden die wichtigsten wettbewerbsrelevanten Erfolgsfaktoren und Handlungen dieser Dienstleister beschrieben und die Auswirkung auf ihre Wettbewerbsfähigkeit aufgezeigt. Als Grundlage für eine hohe Wettbewerbsfähigkeit ist der Einsatz moderner Informations- und Kommunikationstechnologie unabdingbar. In diesem Zusammenhang werden verschiedene IT Lösungen vorgestellt, mittels derer Logistikdienstleister den spezifischen Kundenansprüchen gerecht werden. Desweiteren wird die Standortwahl als Schlüsselfaktor aufgezeigt. So steht der Kunde stets im Vordergrund, welcher durch maßgeschneiderte Produkte immer anspruchsvoller, aber auch attraktiver für den Dienstleistungssektor wird. Der Schlussteil fasst die zentralen Aussagen

---

[1] Vgl. Arnold (2004), S. 581ff

der Arbeit zusammen und gibt einen kurzen Ausblick auf die mögliche Entwicklung der IuK Techniken, welche über den unternehmerischen Erfolg der Dienstleister und ihrer Positionierung am Markt entscheiden.

2. Definition und Bedeutung des Begriffs „Wettbewerbsfähigkeit"

Unter dem Begriff Wettbewerbsfähigkeit wird das Leistungspotential von Unternehmen verstanden, um Mittels gezieltem Einsatz von Schlüsselfaktoren Wettbewerbsvorteile zu erlangen, aus denen eine gewinnbringende Position am Markt resultiert.[2] Chancen und Risiken im internationalen Wettbewerb zu erkennen, eigene Stärken auszuspielen und die Schwächen überwinden ist das Primärziel von Unternehmen, die Logistikdienstleister eingeschlossen. Voraussetzung für die Sicherung der zukünftigen Wettbewerbsfähigkeit ist eine gute Strategie, welche durch permanente Analyse des Unternehmensumfelds und des eigenen Unternehmens gebildet wird.[3] Um sich Wettbewerbsvorteile zu verschaffen, müssen die Führungskräfte der Unternehmen gezielt den Zusammenhang zwischen den von ihnen gewählten Praktiken und der daraus resultierenden Wettbewerbsfähigkeit beachten.[4]

In Zeiten von immer kürzeren Produktlebenszyklen, höheren Flexibilitätsanforderungen und des rasanten technischen Fortschritts wird die Wettbewerbsfähigkeit nicht mehr ausschließlich durch die beiden klassischen Faktoren Kosten und Qualität bestimmt, sondern primär durch die Zeit als latente Größe.[5] Die Ausnutzung globaler Chancen auf den Beschaffungs- und Absatzmärkten führt zur Bildung internationaler Wertschöpfungsnetzwerken, deren Entwicklung allerdings stark von dem jeweiligen Einsatz der Informations- und Kommunikationstechnologien sowie lokaler Standortfaktoren abhängt. Die Bedeutung der Wettbewerbsfähigkeit geht also einher mit der Wahl der richtigen Strategie und Handlungen des Managements. Die relevantesten Schlüsselfaktoren aktueller Management Methoden um die betriebliche Leistung zu überwachen sowie deren Steuerung werden in Kapitel 4 ausführlich behandelt.

---

[2] Vgl. Wirtschaftslexikon, URL siehe Literaturverzeichnis
[3] Vgl. Seeger, K. (2008), S. 42
[4] Vgl. Liu,X. (2011), S.252
[5] Vgl. Hofman (2009) S.8

3. Einblick in das Logistikdienstleisterkonzept

Logistikdienstleister sind gewerbliche Unternehmen, die von klassischen Logistikauf-
gaben wie Transport, Umschlag und Lagerhaltung bis zu fertigungsnahen Dienstleis-
tungen, sämtliche Aufgaben von Firmen übernehmen, damit diese sich gleichzeitig
auf ihre Kernkompetenzen konzentrieren und Kosten und Risiken minimieren können.[6] Im Allgemeinen werden Routinefunktionen und Aufgaben die nicht zum Kern-
geschäft gehören, ausgelagert, um die Lücke zwischen der Unternehmenserwartung
und den eigenen Produktionsmöglichkeiten zu schließen.[7] Liegt die Betrachtung bei
den am Markt agierenden Dienstleistungsunternehmen, so kann eine Unterschei-
dung hinsichtlich ihres Leistungsspektrums vorgenommen werden. Die Dienstleis-
tungsbranche lässt sich anhand ihres Betätigungsfelds in „Transporteur" und „Spedi-
teur" (2PL – second party logistics provider),3PL sowie 4PL einteilen. Allerdings wird
üblicherweise die branchenunabhängige Klassifizierung in Einzel-, Verbund- und
Systemdienstleister vorgenommen, insbesondere da das visionäre 4PL bzw. LLP
Konzept derzeit nur in der Theorie existiert.[8]Die verschiedenen Logistikdienstleisterkonzepte sind in Abbildung 1 veranschaulicht dargestellt. Im Folgenden wird allerdings keine Einteilung der Dienstleister vorgenommen und fortan vom Sammelbegriff
Logistikdienstleister gesprochen.

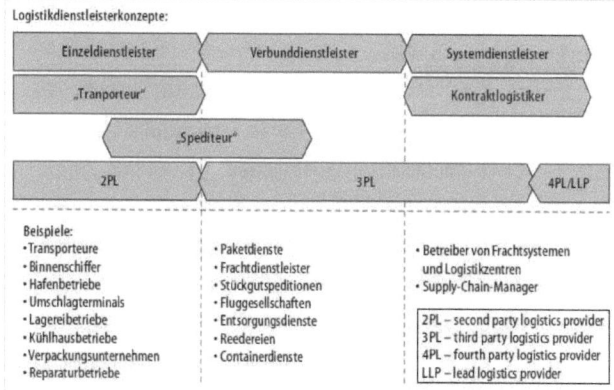

**Abbildung 1: Verschiedene Logistikdienstleisterkonzepte mit Beispielen
(Vgl. Arnold, D., u.a. (2008), S. 585)**

---

[6] Vgl. Arnold, D. (2008),S. 581
[7] Vgl. Hofenk,D.(2011), S.168
[8] Vgl. Arnold, D. (2008),S. 589

4. Wettbewerbsrelevante Schlüsselfaktoren und Handlungen von Logistikdienstleistern

Die Reduktion von Kosten ist der Hauptgrund für das Outsourcing von Logistikleistungen. Allerdings sind durch die steigende internationale Vernetzung und der wachsenden Nachfrage nach individuell für den Kunden zugeschnittenen Logistikleistungen weitere Anforderungen an moderne Dienstleister entstanden, welche diese bei steigendem Kostendruck erfüllen müssen um langfristig wettbewerbsfähig zu bleiben.[9] Insbesondere durch die steigende internationale Konkurrenz, ist es ihnen kaum möglich durch eine Strategie der Kostenführerschaft Wettbewerbsvorteile zu generieren.[10] Im Folgenden werden die zwei zentralen Aspekte vorgestellt, welche im Rahmen der Auslagerung besondere Bedeutung zur Sicherung der Wettbewerbsfähigkeit erlangt haben. Durch die umfassende Gestaltung von prozessorientierten Logistiksystemen ist die IuK-Technologie heute die wichtigste Grundlage für effiziente Logistikprozesse, weswegen diese ausführlich beleuchtet wird.

4.1 Standortwahl

In Zeiten immer höherer Kraftstoffpreise, gestiegenen Zoll- und Steuerabgaben sowie steigender Lohneinzelkosten ist die Wahl des richtigen Standortes wichtiger denn je.[11] Speziell Spediteure und Transporteure wissen um die Relevanz der Infrastrukturausstattung und Verkehrsanbindungen. Nach einer empirischen Studie über die Wettbewerbsfähigkeit von Unternehmen und Regionen wurde festgestellt, dass die Transportkosten den größten Teil der Logistikkosten ausmachen, gefolgt von Lagerhaltungskosten. Hierdurch könnte ein Kostenvorteil für östliche EU-Länder bestehen, welche durch niedrigere Kraftstoff- und Lohnkosten billiger transportieren können. Jedoch ist die logistische Leistungsfähigkeit, welche einhergeht mit dem Wirtschaftswachstum, im westlichen Teil Europas erheblich höher.[12] Es zeigt sich dadurch immer mehr, dass nur reine Standortkosten nicht länger das entscheidende Kriterium von Logistikdienstleistern sind, sondern dass durch die gestiegene Flexibili-

---

[9] Vgl. Kersten,W.,u.a. (2008), S.62
[10] Vgl. Kersten,W., Koch,J. (2010), S.95
[11] Vgl. Dubey, P.K., Shah, J. (2010), S. 79f
[12] Vgl. Kersten,W.,u.a. (2008), S.61f

tätsanforderung der damit verbundene zeitliche Faktor eine entscheidende Rolle spielt.[13] So nutzen führende KEP-Unternehmen statt den älteren Standortstruktur- theorien das innovative Geomarketing Verfahren um klassische Standortkriterien wie der Grundstückspreis und die Verkehrsinfrastruktur zu gewichten und diese zu ihrer Entscheidungsfindung einzusetzen.[14] Die Anwendung ermöglicht den Unternehmen Informationen über zukünftige Standorte sowie das aufkommende Sendungsvolumen darzustellen und schafft somit Transparenz in den Prozessen sowie eine vorherige Planung kostenoptimierter Routen.[15] Laut Uwe Verres-Homm, Mitarbeiter der Fraun- hofer Arbeitsgruppe für Supply Chain Services SCS, wissen Logistikdienstleister ganz genau, welches ihre Kundenbranchen sind, was diese fordern und konsumie- ren, wo Potenzial besteht und wie sie dieses am schnellsten befriedigen können.[16]

4.2 Informations- und Kommunikationstechnologien

Um auf die Innovationsgeschwindigkeit der internationalen Märkte reagieren zu kön- nen, ist der Einsatz moderner und effizienter IuK Technologie Voraussetzung für Lo- gistikdienstleister, die immer komplexeren und kundenspezifischeren Material- und Informationsflüsse erfolgreich bewältigen zu können.[17] Fehlende Transparenz bei der Ressourcenplanung und Lagerung, das hohe Work- in-Progress und nicht zuletzt flexible Kundenanforderungen verlangen von innovativen Dienstleistern den Umgang mit leistungsfördernden Informations- und Kommunikationssystemen, um aus diesen Problemen Wettbewerbsvorteile zu schaffen.[18] Die Instrumente der IuK Technologie umfasst Hard- und Software im weitesten Sinne. Dazu zählen Kapazitäten zur Spei- cherung, Verarbeitung und Übertragung, Rechenzeitgeschwindigkeiten, Kommunika- tionskanäle, Übertragungsmedien, Lese- und Empfangsgeräte sowie der Einsatz neuer Medien, speziell des Internets.[19] Länderübergreifend haben sich hierbei der Elektronische Datenaustausch EDI, das Internet und das Lagerverwaltungssystem WMS als die drei Erfolgsfaktoren innerhalb der IuK Technologie herausgestellt.[20]

---

[13] Vgl. Hofmann, E., Nothardt, F. (2009),S. 1
[14] Vgl. Weber, R. (2010), S. 49
[15] Vgl. Weber, R. (2010), S. 50f
[16] Vgl. Weber, R. (2010), S. 49
[17] Vgl. Nyhuis, P. (2008), S.20
[18] Vgl. Bullinger, H., Kühner, M. (2007), S. 34f
[19] Vgl. Arnold, D. (2008), S.593
[20] Vgl. Liu, X. (2008), S. 260

Im Folgenden wird auf das EDI Verfahren, das ERP System sowie die innovative RFID Technik als Möglichkeiten zur Sicherung der Wettbewerbsfähigkeit explizit eingegangen.

4.2.1. EDI

Electronic Data Interchange, kurz EDI, ist ein international standardisiertes Verfahren, mittels dessen Unternehmen, hier speziell Logistikdienstleister, Daten über öffentliche oder private Netze in strukturierten Formaten austauschen können.[21] Es bezeichnet alle elektronischen Abläufe zum asynchronen und vollautomatischen Versand geordneter Nachrichten zwischen den Anwendungssystemen verschiedener Unternehmen.[22] Der asynchrone Informationsaustausch erfolgt in mehreren Schritten, wobei die Daten mehrfach zwischengespeichert werden. Zu Beginn des EDI-Prozesses werden die von der Anwendung gesendeten Daten mittels eines Konverters in das EDIFACT Standard Format übersetzt, wobei zusätzliche Meta-Daten und Service Segmente beigefügt werden. Die angekommenen Daten werden dann wieder durch den Empfänger in das hauseigene Anwendungssystem konvertiert und verständlich gemacht.[23] Von EDI spricht man daher grundsätzlich nur bei der vertraglich vereinbarten Interaktion zweier unabhängiger Unternehmen. Der Firmeninterne Datenaustausch wird als Enterprise Applikation Interaction, kurz EAI, bezeichnet. Unter Einsatz des EDI Systems lassen sich nun sicher und schnell Berichts- und Planungsdaten wie Lagerdaten oder Wettbewerbsmaßnahmen, und Transaktionsdaten wie Bestellungen, Lieferungen und Rechnungen übertragen.[24]

Den Wettbewerbsvorteil, welcher durch die kurzen Reaktionszeiten und Verkürzung der menschlichen Arbeitsschritte entsteht, können durch die kostenintensive Implementierung des EDI Systems nicht alle Logistikdienstleister nutzen. So greifen mittelständische Dienstleistungsunternehmen vorrangig auf die internetbasierte Variante,

---

[21] Vgl. Arnold, D. (2008), S. 593
[22] Vgl. O.V.2 (2012), URL siehe Literaturverzeichnis
[23] Vgl. O.V.3 (2012), URL siehe Literaturverzeichnis
[24] Vgl. O.V.2 (2012), URL siehe Literaturverzeichnis

das sogenannte Web-EDI, zurück, müssen allerdings eigene Verschlüsslungsme-chanismen dafür codieren. [25]

Vorteilen des Systems sind neben der Kostensenkung aufgrund Fehlerreduzierung sowie der Automatisierung von Geschäftsprozessen auch die Erhöhung der Pla-nungs- und Dispositionszeit im Zuge der automatischen Dateneinspeisung.[26] Die Realisierung des EDI Systems können allerdings oft nur große, vorrangig Transport-dienstleistungsunternehmen, vornehmen. So sind neben den Fixkosten auch die Prozessanpassung und die dafür notwendige Arbeitszeit als Nachteil anzusehen, welcher sich allerdings in keinem Verhältnis zu den aufgezeigten Einsparungen ver-hält, womit vorerst nur große Logistikdienstleister ihre Wettbewerbsfähigkeit sichern können.[27]

4.2.2 ERP

Ein Enterprise Resource Planning System, ist ein aus mehreren Elementen beste-hendes, integriertes Anwendungspaket auf Basis standardisierter Module, welches die Steuerung unternehmensübergreifender Geschäftsprozesse optimiert.[28] Es un-terstützt die Logistikdienstleister mittels einer zentralen Datenbank bei allen wesentli-chen Funktionsbereichen und ermöglicht durch die Bereitstellung aktueller Informati-onen eine unternehmensweite Planung, Steuerung und Kontrolle.[29] Die Dienstleister wollen sich mit dem Einsatz von ERP-Software strategische Vorteile verschaffen, welche durch die Senkung von Prozess- und Betriebskosten, sowie der erhöhten Flexibilität innerhalb des Unternehmens durch die Kompatibilität mit anderen Syste-men die Anschaffungskosten kompensiert.[30] Doch steht für Logistikdienstleister nicht nur der Kostenfaktor im Vordergrund. So bietet ERP speziell auch mittelständischen Dienstleistern nicht nur die Möglichkeit ihre Abläufe zu steuern, sondern auch die Einbindung von Kunden und Partnern in ihre Supply Chain ohne Datenredundan-zen.[31] Mit der Entscheidung für ein ERP-System beginnt die Einführungs- und Im-

---

[25] Vgl. O.V.2 (2012), URL siehe Literaturverzeichnis
[26] Vgl. O.V.2 (2012), URL siehe Literaturverzeichnis
[27] Vgl. Robert Bosch Gmbh (2005), URL siehe Literaturverzeichnis
[28] Vgl. Hansen, Wirtschaftsinformatik 1 (2009),S.661, Hesseler, Basiswissen ERP Systeme 2007, S5f
[29] Vgl. Hansen, Wirtschaftsinformatik 1 (2009),S.661, Hesseler, Basiswissen ERP Systeme 2007, S5f
[30] Vgl. Niemann,F. (2008)
[31] Vgl. Niemann,F. (2008)

plementierungsphase, in jener die Unternehmen das System einführen, oder an das gegebene, verjährte System anpassen. Dazu werden Mitarbeiter mit dem späteren Umgang geschult, Daten übertragen, sowie Tests und später deren Abnahme durchgeführt, was sehr zeit- und kostenintensiv für den Dienstleister ist.[32] Doch liegen die Vorteile für ein ERP-System bzw. ein Update dessen auf der Hand:

Mit dem Einsatz von ERP wird der Zeitbedarf der Auftragsbearbeitung durch die schnellere Bearbeitung der gemeinsamen Daten reduziert. Ebenfalls werden Kosten für zu hohe Über- und Sicherheitsbestände durch implementierte Lagerverwaltungsanwendungen beispielsweise durch Mobile Handscanner gesenkt.[33] ERP Systeme ermöglichen zudem eine effizientere Kommunikation mit den produzierenden Unternehmen sowie eigenen Kunden durch optimierte Schnittstellen. Die Darstellung sämtlicher Unternehmensprozesse in der Spedition und Logistik, Finanzbuchhaltung oder Controlling in einem einzigen System, wandelt die hauseigene IT in eine zukunftsfähige Technologie-Plattform und ermöglicht somit flexible Reaktionen auf Kundenwünsche und notwendige Kostenoptimierung.[34] In der Vergangenheit wurden bereits die den physischen Transport von Waren betreffenden Prozesse, wie die Disposition und Auftragsabwicklung, Umschlag oder Abholung mittels ERP Systemen abgebildet, allerdings bestehen laut A'PARI Consulting noch wesentliche Verbesserungsmöglichkeiten in der Unternehmenssteuerung, Controlling und dem Risikomanagement. [35]

Es stellt sich jedoch die Frage, ob der Einsatz eines ERP Systems zu strategischen Wettbewerbsvorteilen für Logistikdienstleister führt. Speziell für Großunternehmen lässt sich sagen, dass dies, zumindest nicht direkt, der Fall ist, da die meisten Dienstleistungsunternehmen ein solches nutzen. Gleichwohl ist die Verwendung unabdingbar, um nicht schlechter als die Konkurrenz zu sein, also Wettbewerbsnachteile zu erzeugen und somit ein Erfolgsfaktor zur Sicherung der Wettbewerbsfähigkeit.[36]

---

[32] Vgl. O.V.4 (2012), URL siehe Literaturverzeichnis
[33] Vgl. Gronau, N. (2010), S.12
[34] Vgl. Gronau, N. (2010), S.12
[35] Vgl. Hoppe, R. (2012), URL siehe Literaturverzeichnis
[36] Vgl. Summer, M. u.a. (2004), S. 131f

4.2.2. RFID

Die Radiofrequenzidentifikation, kurz RFID, ist ein funkbasiertes Identifizierungssystem für die mobile Datenerfassung innerhalb einer logistischen Kette.[37] Die Datenübermittlung erfolgt zwischen einem, im Transponder integrierten, Mikrochip und einer Lese- bzw. Schreibeinrichtung, dem Scanner.[38] Die Hauptaufgabe des kabellosen Identifikationssystems ist die Zuordnung von Informationen zu Waren mittels integrierter Transponder.[39] Dies ist der wesentliche Unterschied zur Nutzung von Barcodes, da hierbei die Kommunikation über eine direkte Sichtverbindung zwischen Datenträger und Lesegerät bestehen muss, wohingegen die RFID Transponder ohne direkten Sichtkontakt, über Funk, kommunizieren.[40] Befindet sich der Transponder in Nähe des Lesegeräts wird automatisch eine wechselseitige Kommunikation durch die in beiden Endgeräten integrierten Antennen ausgelöst. Der Datenaustausch erfolgt dann durch magnetische- oder elektromagnetische Wellen, wobei sich die Übertragungsgeschwindigkeit sowie die Reichweite in niedrige, hohe und sehr hohe Frequenzen bis hin zu Mikrowellen Frequenzen einteilen lässt.[41]

Aus Sicht der Logistikdienstleister ist die Nutzung der RFID Technologie, zur Optimierung ihrer physischen Distributionsprozesse, von höchster Priorität. Der Einsatz dieses Identifikationssystems kann die eigenen Geschäftsprozesse entlang der gesamten Lieferkette effektiver gestalten und Kundenbeziehungen fördern. Mit Hilfe von RFID können Logistikdienstleister die Steuerung, Planung und Kontrolle des Materialflusses über das Tracking und Tracing[42] ständig überwachen, und kundenorientierte Änderungswünsche vornehmen. Vorher existierende, überhöhte Sicherheitsbestände, Lehrfahrten oder fehlerhafte manuelle Erfassung und Sortierung in der Supply Chain führen unter Verwendung der RFID Technik zu einer optimierten Betriebsmittelauslastung und somit nicht nur zu einer Zeit- und Kostenersparnis, sondern auch zu einer Qualitätssteigerung hinsichtlich direkter Wettbewerber.[43] Insbesondere im Transport von Waren ist die RFID Technik für die meisten Logistikdienst-

---

[37] Vgl. Arnold, D. (2008), S. 598
[38] Vgl. Finkenzeller (2010), S. 6 ff. und Franke, Dangelmaier (2006), S. 8f.
[39] Vgl. Hildenbrandt, B. (2012), S.1
[40] Vgl. Arnold, D. (2008), S.598
[41] Vgl. Tajima, M. (2007),S. 262
[42] Unter Tracking und Tracing versteht man die computergestützte Sendungsverfolgung von Gütern (Vgl. Arnold, D. (2008),S.596)
[43] Vgl. Tajima, M.(2007), S.265f

leister unerlässlich. Durch die Integration physischer Güter mit RFID Transpondern, lassen sich die transportierten Wareneinheiten und Routen genau bestimmen, was später zu einer erleichterten Abrechnung und zu einer Fehlerreduktion durch die automatische Dokumentation führt.[44]

Es sind allerdings auch bei der Implementierung von RFID in die Firmenstruktur wieder große Dienstleistungsunternehmen, welche die nötigen monetären und personellen Voraussetzungen mitbringen, diese innovative IuK Technologie nutzen zu können.[45] Kritik am Einsatz dieser Technologie besteht nach Ansicht vieler Verbraucherschützer in dem Eingriff in die Privatsphäre durch den Missbrauch persönlicher Daten.[46] Logistikdienstleister könnten zwar kundenspezifische Leistungen erbringen, im Gegenzug aber auch viele personen- bzw. firmenbezogenen Daten sammeln um daraus irreguläre Wettbewerbsvorteile zu generieren.[47] Ebenfalls sehen sich zukünftige RFID nutzende Unternehmen mit hohen technologischen Herausforderungen konfrontiert. So verlangt es ein bereits bestehender Hard- und Softwarestandard, über den bereits Dienste wie Tracking oder die Fahrzeugverfolgung in bestehende Informationssysteme eingespeist werden, um den späteren Mehrwert durch die Nutzung der RFID-Technologie zu erzeugen[48] Führende Logistikdienstleister verschaffen sich somit, durch ihre „Firstmover" Führerschaft, Wettbewerbsvorteile und sichern damit ihre Wettbewerbsfähigkeit langfristig.[49] Die RFID Technologie steht bisher noch am Anfang ihrer Entwicklung, jedoch wird besonders dem transportierenden Gewerbe hierbei großes Marktpotential vorausgesagt.

5. Fazit und Ausblick

Die Auswirkungen des technischen Fortschritts und der zunehmenden Vernetzung der Märkte machen sich Logistikdienstleister zu Nutze, um durch Zeit- und Kosteneinsparungen Wettbewerbsvorteile zu erlangen. Mittels des innovativen Geomarketing Verfahrens können Logistikdienstleister den idealen Standort ermitteln und zugleich Kundentransparenz erzeugen.

---

[44] Vgl. Tajima, M. (2007), S. 266
[45] Vgl. Bernsmann, A.(2006), S.6
[46] Vgl. O.V.5 (2012), URL siehe Literaturverzeichnis
[47] Vgl. O.V.5 (2012), URL siehe Literaturverzeichnis
[48] Vgl. Strassner. (2005), S.53
[49] Vgl. Tajima, M. (2007), S.271

Obgleich der Zugang zu IuK Technologien ihnen zur Sicherung ihrer Wettbewerbsfähigkeit verhilft, sind die derzeitigen Verfahren entweder gegenwärtig Standard wie
der Einsatz von ERP Systemen, oder noch zu teuer für kleine und mittlere Unternehmen. In Zukunft werden Verfahren auf Basis der RFID-Technologie immer stärker
in den Vordergrund rücken, bestehende Barcodesysteme verdrängen und den Da-
ten- und Kommunikationsaustausch erleichtern. Die Identifikation von Transport-,
Lager- und Versandeinheiten ist im Transport- und Umschlagprozess von Logistikdienstleistern der wichtigste Schlüsselfaktor zur Sicherung der Wettbewerbsfähigkeit.[50]

Grundsätzlich erwartet der Logistiksektor weiterhin eine positive Entwicklung des Lo-
gistikoutsourcings. Bestehende und zukünftige IT-Technologien tragen durch die Optimierung von Ressourcen, Routen, der Netzwerkkommunikation und Kapazitäten zur
Reduktion von Logistikkosten und der Qualitätssteigerung bei.[51] Insgesamt wird die
technologische Entwicklung die positiven Effekte der IuK Technologie für Logistikdienstleister weiter verstärken. Die zunehmende Leistungsfähigkeit, wie auch die
globale Vernetzung bei immer kleineren und mobileren IuK - Technologien, wie der
RFID Transponder, führen zu einem Anstieg der Interaktions- und Reaktionsfähigkeit
in allen Unternehmensbereichen der Logistikdienstleister.[52]

[50] Bernsmann, A. (2006)S.21
[51] Bernsmann, A. (2006)S.21
[52] Bernsmann, A. (2006)S.21

Literaturverzeichnis

Arnold, D./ Istermann, H./ Kuhn, A. /Tempelmeier, H./ Furmans, K. (2008), Handbuch Logistik, Berlin, Heidelberg 2008

Bernsmann, A. (2006), Forschungsprojekt „Auswirkungen von IuK-Technologien für Logistikprozesse und die Verkehrswirtschaft" – Kurzbericht im Auftrag des Bundesministeriums für Bildung und Forschung, Bonn/Dortmund, 2006

Bullinger, H., Kühner, M. (2007), Supply Chain-orientierte Geschäftsprozesse zur Sicherung unternehmerischer Wettbewerbsfähigkeit in: Kompetenzen für Supply-Chain Manager, Berlin,Heidelberg, 2007, S. 33-41

Dubey, P.K. , Shah, J. (2010), Moving up the Value Chain: Impact of Strategic Attributes and Value Added Services on Logistics Service Provider in India, in: International Journal of Business Insights & Transformation, Ausgabe 3, S.79-91

Finkenzeller, K. (2010), RFID Handbook, 3. Auflage, Chippenham, Wiltshire 2010

Franke, W., Dangelmaier, W. (Hrsg) (2006), RFID- Leitfaden für die Logistik, Wiesbaden 2006

Gronau, N. (2010),Enterprise Resource Planning - Architektur, Funktionen und Management von ERP. 2. Aufl. 2010, Oldenbourg Wissenschaftsverlag

Gudehus, T. (2010), Logistik – Grundlagen, Strategien, Anwendungen, 4. Auflage, Berlin, Heidelberg 2010

Hildebrandt, B. (2009), Einsatzpotenzial und Mehrwert der RFID-Technologie in der Logistik, Studienarbeit, GRIN Verlag

Hofenk,D. u.a. (2011), The influence of contractual and relational factors on the effecctiveness of third party logistics relationships in: Journal of Purchasing & Supply Management Nr.17, S. 167-174

Hofmann, E., Nothardt, F. (2009), Logistik als Wettbewerbsfaktor, in: Logistics Due Diligence, Berlin, Heidelberg, 2009, S. 1-8

Hansen, H., u.a. (2009), Wirtschaftsinformatik 1, UTB, Stuttgart, 2009

Hesseler, M. , Görtz, M. (2007), Basiswissen ERP Systeme, W37, 2007

Hoppe, R. (2012), IT-Lösungen für Spedition und Transportlogistik - ERP vs. Speditionssoftware, Auf den Seiten von Apari: http://www.apari.de/aktuelles/meldungen/85-it-loesungen-fuer-spedition-und-transportlogistik-erp-vs-speditionssoftware.html, entnommen am 26.05.2012

Kersten, W., Böger, M., Singer, C., Schröder, M. (2008), Wettbewerbsfähigkeit von Regionen - Empirische Ergebnisse zum Status Quo der Logistik im Ostseeraum, in: Gronau, N. (Hrsg.), Wettbewerbsfähigkeit durch Arbeits- und Betriebsorganisation, Berlin 2008, S.59-62

Liu, X. (2011), Competitiveness of logistics service providers: a cross-national examination of management practices in China and the UK, in: International Journal of Logistics:Research and Applications, 14, 2011, 4, S. 251-269

Niemann,F. (2008), ERP als Wettbewerbsvorteil, auf den Seiten der Computerwoche: http://www.computerwoche.de/heftarchiv/2008/19/1223389/, entnommen am 25.5.2012

Nyhuis, P. (2008), Von PPS-Systemen zu integrierten Informations- und Kommunikationssystemen in: Beiträge zu einer Theorie der Logistik, Berlin, Heidelberg, S.19-29

O.V. (2012), Wettbewerbsfähigkeit, Auf den Seiten des Wirtschaftslexikons: http://www.wirtschaftslexikon24.net/d/wettbewerbsfaehigkeit/wettbewerbsfaehigkeit.htm, entnommen am 28.04.2012

O.V.2 (2012), Electronic Data Interchange (EDI), Auf den Seiten der DHL: http://www.dhl-discoverlogistics.com/cms/de/course/technologies/connection/edi.jsp, entnommen am 20. 05.2012, Originalquellen nicht auffindbar

O.V.3 (2012), Was ist EDI?, Auf den Seiten des deutschen Verein des Gas- und Was-serfaches:http://www.dvgw.de/gas/netze-und-anlagen/netzsteuerungdispatching/allgemeine-einleitung/was-ist-edi/, entnommen am 20.05.2012

O.V.4 (2012), ERP-System einführen, auf den Seiten von ERP-Logistics: http://www.erp-logistics.com/46/1/erp-system-einfuehren.html, entnommen am 25.05.2012

O.V.5 (2012), Bedenken und Kritik, RFID Basis, auf den Seiten von RFID Basis: http://www.rfid-basis.de/bedenken_und_kritik.html, entnommen am 01.06.2012

Robert Bosch GmbH (2005), EDI in der Beschaffung, in: Anwenderhandbuch 03, 16.03.2005, http://purchasing.bosch.com/download/edi_cplog_de.pdf, entnommen am 20.05.2012

Seeger, K. (2008), Zielorientierte Strategieentwicklung für einen Logistikdienstleister, in: Zielorientierte Unternehmensführung, Hrsg. von Seeger / Liman, Wiesbaden, S: 39-69

Strassner,M., Fleisch,E. (2005), Innovationspotenzial von RFID für das Supply-Chain-Management, in: WI – Schwerpunktaufsatz, St.Gallen, S. 45-54

Summer, M. u.a. (2004), Seeking strategic advantage in the post-net era: viewing ERP systems from the resource-based perspective in: Journal of Strategic Information Systems, 2004, S.129-150

Tajima,M. (2007), Strategic value of RFID in supply chain management, in: Journal of Purchasing & Supply Management 13, 2007, S. 261–273

Weber, R. (2010), Datensammler fürs Lager
in: Logistik Heute, Nr.9, 2010, S.48-51

Wolfgang Kersten, Jan Koch (2010), Qualitätsmessung in der Logistikdienstleistung, in: Qualitätsmanagement in Logistikunternehmen - Eine empirische Untersuchung, Köln 2010, S.95-116